Dolores Soler-Espiauba

# Más se perdió en Cuba

D1615238

**DIFUSION**

Centro de Investigación y Publicaciones de Idiomas

Colección **"Venga a leer"**
Serie "Hotel Veramar"

Diseño de la colección y cubierta: Àngel Viola
Ilustración de la página 9: Javier Roch
Ilustraciones de las páginas 12, 15, 19 y 40: Álvaro Paricio G.

© Dolores Soler-Espiauba
DIFUSIÓN, S.L.
Barcelona, 1995

1.ª edición, 1995
2.ª edición, 1997

ISBN: 84-87099-82-3
Depósito Legal: M-6347-1995
Impreso en España - Printed in Spain
Gráficas Rama, S. A.
Francisco Remiro, 8 - 28028 Madrid

El **Hotel Veramar** es un pequeño hotel de Mojácar, un pueblecito blanco del sur de la Costa Mediterránea, en Andalucía. **Cari** es la recepcionista del hotel, tiene veintiún años y es simpática y generosa. En verano trabaja en el Hotel Veramar para pagarse los estudios. Está enamorada de Eneko, el joven y guapo cocinero vasco, pero es muy desgraciada, porque **Eneko** y todos los chicos que le gustan son altísimos y ella, Cari, es muy bajita. Mide 1,55 metros. Eneko tiene una moto, una Yamaha 1100 muy potente, que a Cari también le gusta mucho. Eneko es un buen cocinero y conoce buenas recetas de cocina.

El dueño del Hotel Veramar es **Don José**, que tiene un pasado misterioso y complicado, tiene unos cincuenta años.

Aparece en el hotel **una joven mulata cubana**, muy bella, que va a complicar las cosas, pues Don José empieza a tener los síntomas de una misteriosa enfermedad, que parece un hechizo. Cari y Eneko descubren a los culpables, con ayuda de **Paco**, el simpático y servicial jardinero del hotel, y de **Guillermo Juantegui**, un joven médico muy guapo, pero... también demasiado alto para Cari.

Afortunadamente, Cari tiene un amigo íntimo que nunca la abandona: el **gato Regaliz**.

# 1

Son las tres de la mañana y hay un silencio total en el Hotel Veramar. Todos duermen, pero Cari se despierta bruscamente. ¿Por qué? El viento silba en las ventanas, pero es normal, porque el hotel está a la orilla del mar. La carretera está lejos y el ruido de los coches no molesta a los clientes del hotel.

Cari enciende la luz. El gatito "Regaliz", que duerme junto a su cama, también está despierto. Es muy inteligente y sus orejas, muy derechas, parecen decir: "¡Ojo! Algo está pasando..."

Cari se levanta con cuidado, abre la puerta, sale al pasillo en pijama y baja las escaleras que llevan a la recepción del hotel. Regaliz va detrás de ella. En la planta baja, todas las luces están apagadas, pero debajo de la puerta del apartamento del director y dueño del Veramar, Don José, hay una línea luminosa.

Cari se acerca muy despacio, sin hacer ruido, y escucha atentamente. Regaliz se para también, con las orejas y el rabo muy tiesos.

Esperan unos segundos y Cari reconoce el ruido que la ha despertado: un gemido largo y lento que pone la *carne de gallina* (2). Dios mío ¿Qué le pasa a Don José? Piensa Cari. Se acerca un poco más a la puerta y hace algo que una chica bien educada nunca debe hacer: mira por el *ojo de la cerradura* (3). Y... ¿Qué ve?

Don José está sentado en una silla, al lado de una mesa y tiene un paquete de cartas en la mano. Está pálido, con una cara muy triste y de vez en cuando gime como un niño.

Cari se aparta de la puerta y no sabe qué hacer. ¿Llamar y preguntarle si necesita algo? Le parece indiscreto y no sabe qué va a pensar de ella su jefe, a esas horas de la noche.

Cari no es más que la recepcionista del Hotel Veramar. Mejor no hacer nada y esperar, piensa. Pero Regaliz no está de acuerdo con ella: mira y mira por debajo de la puerta, con sus ojos verdes y curiosos.

- ¡Eh, Regaliz, vámonos! -le dice Cari muy bajito.

El gato, aunque curioso, es obediente y sigue a su ama escaleras arriba.

Media hora después todo vuelve a la normalidad y los dos duermen profundamente.

## 2

Son las nueve de la mañana. Cari está un poco cansada por la mala noche, pero ya está trabajando en su puesto de recepcionista, delante del ordenador y junto al teléfono y el fax, con el libro de reservas a su lado. Algunos clientes del hotel se marchan hoy y están pagando la cuenta en la recepción.

Paco, otro empleado del hotel, ha bajado las maletas y se ha ganado algunas propinas por este trabajo. Otros clientes pasan por delante de Cari, camino del restaurante, para desayunar. Como hace muy buen día, algunos van a ir directamente a la playa después del desayuno y llevan bolsas con toallas, cremas para el sol y juguetes para los niños.

Beatriz, una de las chicas que limpian las habitaciones, está barriendo el hall. Es joven y guapa, además es canaria y habla con un acento musical muy bonito, parecido al del Caribe, pero siempre está de mal humor y tiene *cara de mal genio* (4), es una pena. A Cari no le gusta nada esta chica, la verdad es que le cae muy mal. Ella prefiere a personas como Paco, que siempre están de buen humor y son abiertas y simpáticas.

Paco lleva las maletas de los viajeros a los coches y vuelve junto a Cari:

- Bueno, me voy al jardín a trabajar, que con este calor está todo seco y hay que regar.

- Oye, Paco...

- ¿Qué pasa?

- No, nada... Pero ¿No encuentras raro a Don José últimamente?

- ¿Raro?

- Sí, muy raro, parece cansado. No habla con nadie, tiene mala cara y, además, por las noches...

- ¿Qué pasa por las noches?

- Pues que... Bueno, yo lo oigo gemir o llorar, no sé... Hace ya dos días que me despierto a media noche y lo oigo, es terrible...

- Es verdad que últimamente parece triste y no sale de su habitación. Casi no habla... Pero es difícil preguntarle, ya sabes que es de pocas palabras... Y además es el jefe.

En ese momento se abre la puerta del apartamento de Don José y éste aparece, muy serio. Cari y Paco se callan inmediatamente y Cari le pregunta:

- Buenos días, Don José. ¿Ha dormido bien?

- Muy bien, Cari, muchas gracias. Voy un momento al banco, no tardo.

- Está bien, Don José.

Es un hombre de unos cincuenta años, con el pelo canoso y la piel muy morena. Es bastante alto, con aspecto deportivo y muy atractivo. Tiene también unos bonitos ojos azules de miope y lleva gafas redondas sin montura. Pero a pesar de su aspecto agradable, nunca sonríe.

Cari le encuentra mala cara, cara de tener problemas. "¿Qué le pasa a este hombre, Dios mío?"

## 3

Cuando por fin va a empezar a trabajar, un ruido la interrumpe. Es Regaliz, Regaliz que está delante de la puerta cerrada de Don José, con las orejas y el rabo bien tiesos, mirando a Cari.

- ¿Pero qué quieres, Regaliz? ¿Me vas a dejar trabajar de una vez?

Regaliz insiste y empuja la puerta con una pata.

- Ah, ya comprendo. Tú lo que quieres es entrar ahí, pero eso no está bien, Regaliz. Eres un gatito demasiado curioso.

Pero Regaliz sabe que es tan curiosa como él y, efectivamente, Cari abandona una vez más el ordenador, el teléfono, el fax, el libro y las llaves. Mira hacia la derecha, hacia la izquierda, detrás de ella... Nadie. Beatriz ya no está en el hall, debe estar limpiando el segundo piso. No hay nadie. Cari empuja la puerta muy despacio.

La cama está hecha, porque Beatriz ya ha limpiado la habitación y las cartas de la noche anterior están encima de la mesa, bien ordenadas, dentro de sus sobres. Son cuatro o cinco y Cari ve que los sellos son de Cuba. La letra es grande y redonda, típicamente femenina. Cari sabe muy bien que jamás debe leerse la correspondencia ajena y no las toca, pero de nuevo un maullido de Regaliz llama su atención: el gato sale de debajo de la cama, llevando en la boca algo que parece un muñeco.

- Pero... ¿Qué estás haciendo? ¿Qué es eso?

Regaliz parece muy satisfecho y deja el objeto a los pies

9

de Cari: es un pequeño muñeco de trapo que representa a un hombre, un hombre con pantalones y con gafas pintadas.

- Dios mío... -dice Cari, asustada.

El muñeco tiene varios alfileres clavados en los ojos, en la frente, en el pecho, en las piernas y en los brazos.

- Dios mío...

Lo mete otra vez debajo de la cama, coge en brazos a Regaliz, que maúlla como un loco, y sale del cuarto.

## 4

En ese momento llega Beatriz con su aspiradora y su fregona:

- ¿Qué hacías ahí?
- ¿Y a ti qué te importa?
- ¡Mal educada!
- *¡Cotilla!* (5)

Afortunadamente, en ese momento llega Don José y se callan.

- No he podido hacer nada, no sé dónde he dejado mi carné de identidad. Siempre lo llevo en el bolsillo y hoy... Además, no me encuentro bien, no sé qué me pasa...

Y se sienta en uno de los sillones del hall. Cari lo encuentra verdoso, se asusta.

- ¿Llamo al médico, Don José?
- No, no, gracias, no es nada, va a pasar...

rápido y de mucho alimento.

- Pues yo ahora, en verano y con este calor, la verdad es que prefiero las ensaladas. Pero... no me has hablado de postres, es lo que más me gusta.

- Para los golosos como tú, hay: sandía, helado de la casa y crema catalana. Pero... ¿No decías que en verano sólo comes ensaladas?

## 6

Paco vuelve de la farmacia con las medicinas receta-
as por el médico y entra en el cuarto de Don José.

- ¿Qué tal sigue? -le pregunta Cari cuando lo ve salir.
- Un poquito mejor... Pero ¿Por qué hay una vela
endida en su cuarto? A las once de la mañana y con
 sol, no veo la necesidad...
- ¿Una vela?
 Sí, una vela. Y muy gruesa.
 Qué raro...
ari entra discretamente en la habitación y pregunta:
 Necesita algo, Don José?
o, gracias, Cari. Estoy un poco mejor. Pero no voy
, no tengo apetito.
 me necesita, me llama, Don José.
ari ve sobre la mesa, junto a las cartas de Cuba,
a vela blanca encendida. La vela tiene unas inci-
la base, como cortes de cuchillo.
esita la luz?

- Es el calor -comenta Beatriz, que sigue allí plantada con su fregona y su aspiradora.

- Tú eres tonta, chica. ¿No ves que está fatal? Ahora mismo llamo a Guillermo.

Guillermo Juantegui es el médico del Veramar. Por suerte, todavía está en casa y le promete ir enseguida.

- ¿Doctor Juantegui?
- Soy yo.
- Hola, Guillermo. Soy Cari, del Veramar. *Tienes* (6) que venir enseguida, el jefe está mal.
- Tranquila, Cari. Estoy ahí en un cuarto de hora.
- Date prisa, Guillermo, es urgente.

## 5

Veinte minutos después llega Guillermo al hotel. Es un médico joven y simpático: muy alto, rubio y con los ojos claros. Es, además, muy competente. Resuelve todos los problemas de salud del Veramar: insolaciones, cata- rros, indigestiones, caídas... A Cari le cae muy bien este médico, pero es tan alto...

Don José se ha acostado y Guillermo le toma la ten- sión, el pulso, lo ausculta, comprueba si tiene fiebre... Todo parece normal.

- Usted necesita descansar, Don José. Hace mucho que no se toma unas vacaciones. ¿Verdad? Estos compri- midos le van a sentar muy bien -y le da una receta-. ¿Qué tal duerme?

- Mal... muy mal.
- ¿Y qué tal come?
- Tampoco tengo apetito.
- Bueno, tómese los comprimidos y dentro de unos días, si no está mejor, me llama, ¿vale?

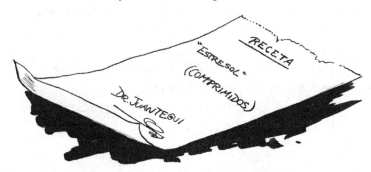

- Vale. Hasta luego Guillermo, y gracias.
- Hasta luego, Don José, que se mejore.
Y al pasar por la recepción:
- ¡Hasta luego, Cari!
- ¿Es grave?
- No hay que preocuparse. Es el *estrés* (7), trabaja demasiado. Si me necesitas, me llamas. ¿Vale?
- Vale.
Y Cari lo mira alejarse, tan altísimo y tan rubio, con sus vaqueros y su polo rojo... Parece un estudiante...
Está tan entusiasmada mirándolo, que no ha visto a Eneko, el cocinero vasco del hotel, que está a su lado.
- ¿Pero estás sorda o qué te pasa?
- ¿Qué dices?

- Es la tercera vez que te hago la misma pregunta. ¿A qué ha venido el médico ese?
- "El médico ese" tiene un nombre, Doctor Juantegu y ha venido a ver a nuestro jefe que está muy malito.
- ¿Y qué le pasa?
- Y yo qué sé.
- Vaya genio que tienes esta mañana. Mira, aquí el menú de hoy, si puedes, lo imprimes cuant Pasaré luego para ponerlo en la puerta del restau
- ¿Y qué comemos hoy, si se puede saber?
- Pues... Bueno, hay tres menús difere todos los días. De entrada: entremeses variado melón con jamón. De pescado, hay merlu calamares en su tienta y dorada a la sal. De pierna de cordero, ternera en salsa y poll los niños hay huevos a la cubana, les enca
- ¿A la cubana, has dicho? No, por f hablar de Cuba hoy, no puedo soportar
- ¿Te pasa algo con Fidel Castro?
- No, nada... Ya te contaré otr lista y la paso al ordenador.
- ¿Y los huevos a la cubana t
- También... Pero yo no pien
- Pues no sabes lo que te pie blanco sofrito con ajo en aceit con plátanos fritos... Rico, ri
- ¿Y huevos?
- Sí, claro, huevos tan

- ¿Qué luz?
- La de la vela. Hay una vela encendida en la mesa. ¿No la ve?
- Yo no he pedido ninguna vela, qué raro... Puedes apagarla.

Cari vuelve a la recepción y se encuentra con Paco, que viene de regar el jardín.
- Paco, no comprendo nada: debajo de la cama de Don José había un muñeco con alfileres clavados y...

- ¿Con alfileres clavados?
- Exacto. Y ahora, en su cuarto, una vela encendida, que no se sabe quién la ha encendido ni para qué... Ah, y también unas misteriosas cartas de Cuba que hacen llorar al pobre Don José.
- Huy, Huy, qué feo todo esto, Cari.

Suena el teléfono:
- Hotel Veramar, buenos días.
- ¿Puedo hablar con José Roig? -es una voz de mujer con acento latinoamericano.
- ¿De parte de quién, por favor?
- De una amiga. Es urgente, llamo desde el extranjero.
- Pues el Sr. Roig está enfermo, no puede ponerse.
- ¿Cómo que no puede? Repito que es muy urgente.

De mala gana, Cari pasa la llamada a las habitaciones de su jefe. Paco se va:
- Bueno, me voy, que tengo que echar cloro a la piscina. Ya hablaremos...

Cari, ahora sola, no puede resistir la tentación de escuchar un poquito, sólo un poquito, la conversación telefónica. Sólo unos segundos, se dice.
- No es posible, no es posible -dice la voz débil de Don José.
- Te juro que es verdad. En las cartas te lo explico todo. Y ya sabes, no hay otra alternativa: o me mandas el medio millón de dólares o vas a los tribunales. Y no te pido los intereses de dieciocho años.
- Pero...

16

- No hay "peros". Tienes una semana para decidirte o vas a los tribunales. Ya sabes que la niña llega en el vuelo del domingo La Habana-Madrid, Madrid-Almería. ¿Está claro? En el vuelo de Madrid de las cuatro, no lo olvides.

La desconocida cuelga y Cari también. Levanta los ojos y ve a Beatriz que la está mirando mientras limpia los cristales de la puerta de entrada.

- Oye. ¿Quién es la cotilla en este hotel, tú o yo?

Esta vez Cari, roja como un tomate, no sabe qué contestar.

# 7

Han pasado dos días y Don José está cada vez peor. Tiene vómitos y mareos, no tiene apetito y por las noches no puede dormir. Todos están preocupados.

Los sábados por la tarde Cari no trabaja; pero este sábado, antes de dejar la recepción, llama de nuevo al doctor Juantegui.

- ¿Dígame?

- Guillermo, soy yo, Cari. Mira, esto va muy mal, mi jefe se va a morir. No come, ha adelgazado, está triste, no duerme... Tienes que venir, por favor. Ya sé que hoy es sábado, pero...

- No te preocupes, Cari. Para los médicos no hay sábados. Voy a hacer lo posible por pasar antes de la noche. Tranquila ¿eh?

- Gracias, Guillermo, y hasta luego.

Como es sábado y los dos están libres, Eneko ha invitado a Cari a dar una vuelta en su super Yamaha y a cenar juntos después. A los dos les encanta la moto y, aunque se pelean con frecuencia, en el fondo son buenos amigos.

Eneko la está esperando en la puerta del hotel, vestido de cuero negro y con dos cascos de motorista, uno para Cari y otro para él. La Yamaha brilla al sol y Cari está completamente feliz.

Piensa que Eneko Zubazagoitia es el chico más guapo que ha conocido en su vida. Además de ser vasco, es altísimo, mide casi 1,90 metros. Es delgado, está tostado por el sol y lleva el pelo un poco largo. Tiene unos dientes blanquísimos y una sonrisa de chico malo. Irresistible.

Cari pasa, feliz, ante el gran espejo del hall, se mira y se encuentra horrible: bajita, morenita, menuda y sin el menor atractivo. En una de las mesas hay una revista con la foto sonriente de Claudia Schiffer: todo lo que Cari no será jamás.

- Qué cruz, Dios mío, *qué cruz* (8) -murmura desesperada.

Pero en ese momento llega corriendo Paco:

- ¡Cari, Cari! Mira lo que he encontrado en el jardín, detrás de un árbol.

Es un carné de identidad, el *DNI* (9) de... ¡Pero si es Don José! El nombre y los apellidos están bien claros: José Roig Contreras. La fecha de nacimiento, el domicilio, la profesión... Todo coincide. Y la foto... Virgen Santísi-ma, la foto. Los ojos han desaparecido y en su lugar hay dos agujeros.

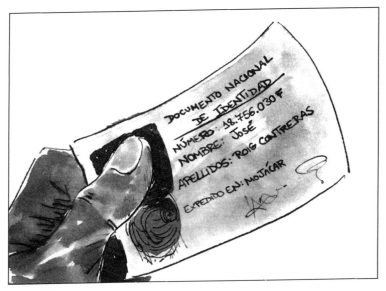

- Pero... ¿Qué significa todo esto? Precisamente Don José estaba buscando su carné de identidad, lo necesitaba el otro día para ir al banco.

- No comprendo nada, Cari. Pero tengo miedo -dice Paco.

- Mira, Paco, yo me voy a dar una vuelta en moto con Eneko. Necesito tomar el aire y cambiar de ambiente. Pero por favor, no lo dejes solo. Guillermo ha prometido venir antes de la noche. Habla con él de todo esto.

- Vete tranquila, Cari. Yo no me muevo de aquí. ¡Que te diviertas!

Cari pasa nuevamente frente al espejo, con la cabeza muy alta y sin mirarse. Vuelve del revés la revista con la foto de Claudia Schiffer y sale a la calle. Se pone el casco, se monta en la Yamaha y se abraza a Eneko.

- ¡En marcha!

Unos segundos más tarde, han desaparecido a toda velocidad.

## 8

Recorren unos treinta kilómetros por una carretera comarcal, de poco tráfico pero con muchas curvas. Como hace mucho calor, la velocidad y el aire son agradables. El paisaje es seco, árido, impresionante. De vez en cuando hay casas muy blancas, rodeadas de cactus y de palmeras. Hay también almendros y olivos. Parece un paisaje del Norte de África. Llegan a un pequeño pueblo blanco y se paran a tomar algo en el único bar, al borde de la carretera.

- Qué calor -dice Eneko quitándose el casco-. No soporto este clima tan seco, es como estar en un desierto.

- Pues a mí me gusta. El cielo está siempre azul y por la noche se pueden ver las estrellas. Una vez estuve en el País Vasco, precisamente en San Sebastián, tu tierra. Qué desastre. Todo el verano lloviendo. Claro, todo muy verde y muy bonito, pero no me pude bañar casi nunca.

- O sea, que prefieres estar todo el verano sudando.

- Pues sí, me gusta mucho más este clima, estoy acostumbrada a él. Nunca llueve, pero los colores son bonitos.

Llega el camarero y les pregunta:

- Hola. ¿Qué *vais* a tomar? (ver nota 6)
- Yo, una cerveza muy fría.
- Y para mí una coca cola.
- ¿Algo para picar?
- No sé... Unas aceitunas... ¿Qué tenéis?
- Almendras, patatas fritas...
- No, todo eso da mucha sed. Unas aceitunas entonces.
- Vale.
- Aquí, en el Sur, no sabéis comer.
- ¿Cómo que no sabemos comer?
- Debe ser por el calor. En el País Vasco hay cantidades de tapas de cocina en todos los bares: calamares, gambas, champiñón...
- Y aquí en Andalucía, también. Lo que pasa es que éste es un bar de la carretera y ...

Llega el camarero con los vasos y se callan.

- Gracias. ¿Piensas trabajar mucho tiempo en el Veramar? -pregunta Cari.
- Tengo un contrato hasta el treinta de septiembre, o sea, todo el verano. Después...
- ¿Qué piensas hacer después?
- No sé, está todo tan difícil ahora... No tengo suficiente dinero para montar un restaurante, así que... Bueno, un tío mío tiene una cafetería en Bilbao y me ha dicho que puedo... pero no es lo mismo.
- ¿Tienen buen horario?
- No, en la hostelería los horarios siempre son malos, ya lo sabes.

- ¿Y el sueldo?

- El sueldo, regular. *Nada del otro mundo* (10). ¿Y tú, qué planes tienes para después del verano?

- Bueno, yo ya vengo aquí desde hace dos veranos y me gusta este trabajo. Espero poder volver el año que viene, porque necesito dinero para estudiar. ¿Sabes?

- Ya.

- En casa somos seis hermanos y mi madre es viuda, ya te puedes imaginar. La más pequeña tiene diez años.

- ¿Qué estás estudiando?

- Idiomas e Informática, pero todavía no sé si voy a trabajar como intérprete o en turismo... Las dos cosas me gustan.

- Ya. Lo peor es lo del paro... No hay trabajo. Tanto estudiar y al final... ¿Qué tal los idiomas?

- Vaya... El inglés bastante bien y el francés no muy mal. Quiero aprender también alemán. Tú hablas *euskera* (11), ¿no?

- Sí, en familia siempre, y con casi todos mis amigos.

- Es difícil ¿verdad?

- Hombre, si no lo has aprendido de pequeño, sí. No se parece a nada.

- ¿Y hay que ser bilingüe en el País Vasco para encontrar trabajo?

- Bueno, depende del trabajo. En empresas privadas, no. Pero en la administración, sí es obligatorio.

- ¿Y todos los vascos sois bilingües?

- Qué va. Hay muchas familias de emigrantes de

otras regiones de España que sólo hablan castellano, y también muchas familias vascas, sobre todo en las ciudades. Pero en los pueblos de la costa y del interior se habla mucho el euskera.

- Ya.

- ¡Qué! ¿Vamos a dar una vuelta a Mojácar?

- Vale, pero no quiero volver tarde al hotel, estoy preocupada por Don José. Es muy extraño todo esto... ¿Tú has oído hablar alguna vez de magia negra?

- Sí, claro, pero...

- Esto es magia negra, Eneko. El muñeco con los alfileres, la vela con los cortes, la foto del carné sin ojos... Alguien está hechizando al jefe.

- ¿Qué dices?

- He-chi-zan-do. O si prefieres, em-bru-jan-do... Haciendo magia, vamos. Que lo quieren eliminar. ¿Comprendes?

- Pero, ¿quién?

- Eso es lo que yo quiero saber. De momento, hay una mujer que llama por teléfono con acento cubano y cartas que vienen de Cuba...

- "Cherchez la femme" -ríe Eneko.

- Vaya. ¿También hablas francés?

- Normal, *Euskadi* (12) está al otro lado de la frontera.

- Lo tenéis todo, hijo.

Cari se levanta:

- Anda, vámonos.

- ¿Cuánto es? -le preguntan al camarero.

- Trescientas cincuenta pesetas.

- Está bien así.

El chico da las gracias por la propina y entra en el bar.

- Oye, Eneko... ¿Me dejas conducir hasta Mojácar?

- Pero Cari...

- Anda, hombre, no seas machista. ¿Crees que una chica no puede llevar una Yamaha?

Cari se monta delante y Eneko, intranquilo, detrás. Cari arranca y la Yamaha recorre los treinta kilómetros hasta Mojácar a una increíble velocidad, adelantando coches y camiones, acostándose casi en las curvas. Al llegar a Mojácar, Eneko está completamente pálido cuando se quita el casco. Cari sonríe triunfante.

- ¿Sé conducir una moto o no? ¡Mi hermano tiene la misma! Y ahora te invito a cenar y a la discoteca de moda este verano. ¡Pago yo!

## 9

Mientras tanto, en el Hotel Veramar el teléfono ha sonado varias veces. Paco ha pasado una llamada a Don José y ha podido oír algunas frases:

- ......

- No, no. No tengo esa cantidad de dinero. ¿Vender el hotel? Estás loca. Jamás. Dame más tiempo, por favor, una semana es muy poco... Bueno, la reconoceré si...

Alguien llama por la otra línea y Paco tiene que responder.

- Hotel Veramar, buenas tardes.

- Buenas tardes ¿Tienen habitaciones libres para el sábado próximo?
- ¿Para cuántas personas?
- Para dos, una habitación doble con baño.
- Todas nuestras habitaciones tienen baño. ¿Cuántos días van a estar?
- Sábado, domingo y lunes, tres días.
- Muy bien ¿A qué nombre hago la reserva?
- Ramón Vicario.
- ¿Me da el número de su tarjeta de crédito, por favor?
- Un momento ... Es la Visa número 321 00 54 866.
- Muy bien, señor. Su habitación está reservada para el sábado. Si piensan cenar en el hotel, el restaurante está abierto hasta las once y media.
- Muchas gracias, creo que llegaremos sobre las ocho, hasta el sábado.

Cuando cuelga, Don José ha terminado de hablar por la otra línea. Paco decide ir a verlo.

- ¿Qué tal se encuentra, Don José?
- Regular, regular nada más... Pero mañana tengo que ir al aeropuerto, es muy importante...

Se interrumpe y se bebe un vaso lleno de líquido rojo que está en la mesilla de noche.

- ¡Oh, qué fuerte! Está malísimo.
- ¿Qué es?
- No sé, debe ser una medicina, estaba aquí...

Paco se lleva el vaso vacío a la cocina y allí se

encuentra un espectáculo lamentable. Hay sangre por el suelo y por las mesas, y también plumas por todas partes. Por el cubo de la basura, mal cerrado, aparece una cabeza de gallo muerto.

- ¿Pero qué significa esto?

Ni Eneko ni Cari están en el hotel para ayudarle a comprender. La cocina está completamente desierta.

## 10

En ese momento entra Guillermo Juantegui en el hotel, con su maletín en la mano y va directamente a ver a Don José, pero éste tiene los ojos cerrados y parece estar sin conocimiento. Llega Paco cuando el médico le está tomando el pulso.

- Hay que ponerle inmediatamente una inyección para reanimarlo.

- No comprendo nada -dice Paco-. Hace un momento estaba hablando conmigo y se tomó la medicina.

- ¿Qué medicina?

- No sé, un líquido rojo que había en un vaso.

- ¿Y dónde está ese vaso?

- En la cocina, voy a buscarlo.

En el vaso queda un pequeño resto de líquido.

Guillermo saca una botellita vacía de plástico de su maletín, echa el líquido dentro y lo guarda otra vez.

- Hay que analizarlo en el laboratorio. Todo esto es muy extraño.

Le pone una inyección a Don José y después de unos minutos, el enfermo abre los ojos.

- El aeropuerto, tengo que ir al aeropuerto, llega Rosana...

- ¿Y quién es Rosana?

- La hija de Yolanda... Bueno, mi hija... No sé si es mi hija pero tengo que reconocerla como hija. Si no lo hago voy a tener problemas. Medio millón de dólares, veinte años de pensión alimenticia... ¿De dónde voy a sacar yo medio millón de dólares?

- Tranquilo, Don José, tranquilo... Dice Paco. ¿Quién es esa Yolanda, dónde está?

Don José parece ahora más sereno.

- Es una cubana, una exbailarina del *Tropicana* (13). La conocí en La Habana hace veintiún años, en un viaje. Me enamoré de ella y vivimos juntos una maravillosa historia de amor... Pero yo volví a España y no he sabido nada de ella en todo este tiempo. Hace unos meses me escribió para decirme que tenía una hija mía, Rosana. Que nunca me lo dijo porque su marido era muy celoso. El creía que Rosana era hija suya... Ahora el marido la ha abandonado, se ha marchado con otra a Miami y ella se encuentra sola y necesita dinero, mucho dinero para poder salir de Cuba. Exige veinte años de pensión alimenticia y el reconocimiento de la chica.

- ¿Y la chica llega mañana?

- Exacto. Tengo que estar en el aeropuerto de Almería a las cuatro.

- Usted no se mueve de la cama. Dice muy serio el doctor Juantegui. Está muy débil.

Don José quiere decir algo, pero pierde de nuevo el conocimiento y su cabeza cae, sin fuerza.

- Hay que llevarlo al hospital inmediatamente. No me gusta nada todo esto. Voy a pedir una ambulancia. ¿Dónde está el teléfono?

En ese momento aparece Beatriz.

- Ahí tiene un teléfono, doctor. Yo acompañaré a Don José en la ambulancia, no podemos dejarlo solo.

## 11

Cuando Cari y Eneko vuelven al Veramar ya es muy tarde, porque han estado bailando en una discoteca de la playa. Parecen muy felices, pero Paco los está esperando en la habitación vacía de Don José y les cuenta todo lo que sabe de la complicada historia del jefe.

- Dice que conoció a una bailarina mulata del Tropicana y que tuvo una hija con ella, aunque estaba casada... Pero que nunca se lo dijo. Ahora la bailarina no lo deja tranquilo y quiere sacarle la *pasta* (14) porque el marido se ha ido a Estados Unidos y la ha dejado sola... La chica llega mañana y tiene que reconocerla, porque si no...

- Qué fuerte, esperar veinte años para decirle que tiene una hija -exclama Cari.

- Las mujeres sois capaces de eso y de mucho más -dice Eneko.

- Y los hombres sois capaces de hacer hijos y de desaparecer después.

- ¿Pero qué os pasa? -pregunta extrañado Paco.

- ¿Qué pruebas hay de que esa Rosana es hija del patrón? -pregunta Eneko.

- Eso. ¿Qué pruebas hay? -repite Cari.

- Pues absolutamente ninguna. La palabra de esa loca.

- Hay que hacer algo, hay que ayudar al jefe -dice Eneko. Y se va a la cocina a buscar ideas y a ver si todo ha quedado en orden después de la cena.

De repente Cari y Paco oyen sus gritos.

- ¿Pero qué es esto, qué ha pasado aquí?

Cari llega corriendo y, muy pálida, exclama:

- Ya te lo he dicho, Eneko. Estamos ante un caso de magia negra.

Se oye un maullido. Regaliz está mirando la escena desde el pasillo con todos los pelos de punta.

## 12

Cari y Eneko deciden ir al aeropuerto al día siguiente a recoger a Rosana. Se llevan la furgoneta del hotel y antes pasan un momento por el hospital. Suben a la habitación de Don José, en la segunda planta, y hablan con la enfermera de guardia.

- Está durmiendo, es mejor no molestarlo, porque ha pasado una mala noche. Menos mal que estaba con él esa chica (15) ¿Cómo se llama?

- ¿Qué chica?

- Pues la acompañante, Beatriz me parece que la llamaba el enfermo. ¿No es de la familia?

- No, señora. Es una empleada del hotel, una canaria que hace la limpieza... ¿Y dice usted que ha pasado aquí toda la noche?

- Sí, casi no ha dormido la pobre. Le daba de beber de vez en cuando...

- Beatriz... Qué raro. ¿Qué hace Beatriz aquí? Bueno, nos vamos. ¿Le puede dar estas flores al enfermo de nuestra parte?

- Cómo no, ahora mismo las pongo en agua.

- Gracias, son del jardín de su hotel...

## 13

El aeropuerto de Almería está lejos de Mojácar y Cari está contenta de poder pasar tanto tiempo sola con Eneko. Pero los dos están preocupados por la misteriosa enfermedad y por la llegada de esta desconocida que pretende ser la hija del jefe.

- ¿Y si no lo es?

- ¿Si no es qué?

- Si no es la hija de Don José.

- Es verdad, hay que hacer algo.

- ¡Tengo una idea! ¡Guillermo, Guillermo puede ayudarnos!

- ¿Y qué tiene que ver tu doctorcito con todo esto?

- "Mi doctorcito", como tú dices, puede hacerle la prueba de paternidad al patrón y a la chica, ni más ni menos.

- Hum...

- Pero bueno. ¿Tú no ves la televisión, no lees los periódicos? Se la han hecho a *Julio Iglesias*, a *Maradona*, al *Cordobés* (16)...

- Eso son cosas de la tele.

- Qué cruz, Dios mío, qué cruz.

Dejan el coche en el aparcamiento del aeropuerto y van directamente al panel electrónico donde anuncian las llegadas de los vuelos. Una luz verde intermitente indica que el vuelo 809, procedente de Madrid, ya ha aterrizado. Los viajeros empiezan a salir por la puerta B. Eneko saca un cartel que dice: "Hotel Veramar" y Cari va a buscar un carrito para el equipaje. Cuando vuelve, se encuentra a Eneko transfigurado, besando en las mejillas a una maravillosa y escultural mulata: ojos negros, piel canela, labios gruesos y sensuales, pelo corto y muy rizado. Y además, altísima, por lo menos 1,75m, calcula Cari desesperada.

- Te presento a Cari, la recepcionista del Veramar.

- Hola. ¿Cómo estás? -pregunta Cari sin entusiasmo.

- Encantada, Cari. Me llamo Rosana. ¿Cómo no ha venido *mi papá*? (17)

A Cari le parece ridículo ese "mi papá". ¿No puede decir "mi padre" como todo el mundo?

- El Director del hotel está enfermo.

- ¿Enfermo mi papá, qué le pasa?

- No es nada grave, estrés seguramente -dice Eneko.

- ¡Qué bueno que vinieron *ustedes* (18) a buscarme!

Cuando sonríe, con sus dientes perfectos y blanquísimos, es todavía más guapa, reconoce Cari, totalmente deprimida. Y la observa detalladamente.

Lleva unos pantalones rojos y una camiseta negra, todo ello muy ajustado. Y miles de collares, pendientes y pulseras que anuncian su llegada a distancia. Parece la *banda municipal* (19) de mi pueblo, piensa Cari. Ah, y lleva también unas sandalias doradas de tacones altísimos. Cuando anda, todos los hombres del aeropuerto interrumpen lo que están haciendo, para mirarla. Observa Cari.

- ¿Y qué le pasa a mi papá? Díganme, por favor.

- No se sabe, es una enfermedad misteriosa. Está en observación en el hospital.

- Dios mío, qué mala suerte.

Empujan el carrito con las maletas de Rosana hacia el aparcamiento y, naturalmente, Eneko la instala a su lado. Cari se sienta detrás, sola y furiosa. Durante todo el trayecto, Eneko y la chica hablan y hablan: de Cuba, del País Vasco, de música, de grupos roqueros, de películas... Cari prefiere no intervenir. Mira el paisaje mientras organiza su plan: la venganza es un plato que se come frío.

## 14

En el hotel, el pobre Paco está desbordado. Han llegado nuevos clientes y ha tenido que ocuparse también del teléfono y del fax. Del ordenador, no. Eso es cosa de Cari y prefiere no tocarlo. Pero cuando ve a Rosana, parece olvidar todo su estrés y la mira con la boca abierta.

- Este es Paco, la persona más importante del hotel.

- Huy, pero qué preciosidad. Se parece al patrón, ¿verdad?

- Pero qué cruz, Dios mío. Lo primero que hay que saber es si es su hija.

Por suerte, Rosana no la ha oído, porque está muy ocupada dando besos a Regaliz.

- Qué gatito tan lindo.

Regaliz la mira hipnotizado y ronronea de placer. Cari no puede contenerse.

- Tú también, Regaliz...

Rosana sube ahora las escaleras, detrás de Eneko, que le lleva las maletas.

- Qué servicial, el que nunca ayuda a nadie... -murmura Cari.

- Mujer, la cortesía... -dice Paco sin apartar los ojos de la escalera.

- Ya. La cortesía.

Y Cari marca nerviosamente un número de teléfono.

- ¿El doctor Juantegui, por favor?

- ¿De parte de quién?

- Hotel Veramar.

- Un momento, le paso con el Doctor.

- ¿Sí?

- Guillermo, soy Cari.

- Tienes suerte, Cari. Hoy estoy de guardia...

- Guillermo, tienes que ayudarme. ¿Tú sabes si en ese hospital hacen la prueba de paternidad?
- Sí, creo que sí... ¿Por qué me lo preguntas?
- Ha llegado la chica y estoy segura de que el jefe es víctima de un chantaje y además lo quieren matar...
- ¿Estás segura de lo que dices? Bueno, voy a enterarme de lo que se puede hacer. Pero se necesita también un análisis de la hija y creo que de la madre también...
- Eso va a ser más difícil. ¿El resultado se sabe enseguida?
- Creo que sí.
- ¿O sea, que Rosana tiene que ir al hospital?
- Sí, claro.

Cari piensa que Guillermo también se desmayará delante de Rosana, como todos los demás hombres. Pero hará todo lo necesario para salvar a Don José.

- Oye, Guillermo ¿Y cómo sigue el enfermo?
- Igual. Todavía no tenemos el resultado de los análisis.
- Ah... ¿Y el análisis del líquido rojo?
- Hum... Sangre de gallo y ron del Caribe.
- Huy, huy, huy.
- Ciao, Cari, tengo trabajo. Te llamo más tarde.

**15**

Cari intenta trabajar un poco, pero suena el teléfono.
- Hotel Veramar.

- La señorita Rosana, por favor.
- Un momento, le paso la llamada a su habitación.

Y en voz baja a Eneko, que baja del primer piso:

- Eneko, Eneko, es la cubana...

Sin el menor escrúpulo le pasa unos auriculares y escucha ella también.

- ¿Eres tú, mamá?
- Hola, hija. ¿Lo has visto?
- Todavía no, está en el hospital. Parece serio, pobre hombre...
- No hay que tener compasión de los hombres, Rosana. Son todos iguales.
- ¿Pero y si se muere?
- Mejor para nosotras, lo único que importa es su firma. Tiene que reconocer que eres su hija antes de morir.
- ¿Pero se va a morir?
- No vas a ponerte triste ahora, Rosana. Un hombre no vale la pena.
- Pero es mi papá.
- Rosanita, hija. Te he dicho mil veces que ser sentimental no conduce a nada. Escucha a tu mamá y sigue mis consejos. Mañana es lunes, tienes que hacer lo imposible para obtener esa firma. ¿Tienes los papeles, no los has perdido?
- No, mamá. Los tengo.
- Bien, pues llámame tú mañana, que no quiero gastar más dinero en teléfono.
- De acuerdo, mamá. Un beso.
- Adiós, hija, y suerte.

Cari y Eneko abren unos ojos como platos.

- Qué elemento la bailarina esa.

- Esto es un complot, Don José no puede firmar.

- Pero... ¿Qué le pasa a Regaliz?

Regaliz no hace más que maullar y maullar. Va y viene, de Eneko a Cari y de Cari a Eneko. Después, golpea con su pata la puerta del cuarto de Don José. Se miran los dos sin comprender y lo siguen. Abren la puerta y... Se oye un horrible grito y Beatriz deja caer al suelo la vela que está encendiendo.

- ¿Pero qué haces tú aquí?

- Nada, nada... Estoy limpiando. ¿Y ustedes a qué vienen a este cuarto? El patrón no está.

- Déjame ver esa vela.

- ¡No quiero!

Cari es más rápida que Beatriz y coge la vela. Lleva un papel atado con un nombre escrito en letras negras: José Roig.

- ¡Eres tú, eres tú la culpable, la bruja!

- ¿Qué dices, Cari? ¡Estás loca! -protesta Beatriz.

- Ahora lo comprendo todo. Esto es un rito vudú, lo sé, lo he visto en un reportaje de la tele sobre el Caribe. Cuando la llama de la vela llega al papel y lo quema, el dueño del nombre muere o se convierte en un zombi. Es horrible, quieres matar a Don José...

Beatriz se tapa la cara con las manos y empieza a llorar.

Eneko se acerca a ella y le pregunta.

- Pero, ¿por qué, por qué?

- Porque tengo que obedecer a Yolanda, es mi madrastra...

- ¿Pero qué dices?

- Es la verdad, yo soy hija de su marido, el que la ha abandonado.... Nos abandonó a las tres y se fue a Miami. Soy hija de su primera mujer, una mujer blanca como él. Por eso yo no me parezco a Rosana. Ella es mulata porque su madre es negra...

- ¿Pero tú no eres *canaria*? (20)

- No, soy cubana, les he mentido... Rosana y yo siempre hemos sido como hermanas y nos queremos mucho... Pero Yolanda es de una secta vudú y me envió aquí para preparar la llegada de Rosana. Un hombre enfermo es más fácil de convencer que un hombre sano y fuerte. En Cuba la vida es muy difícil, ella necesita ese dinero.

- ¿Pero Don José es de verdad el padre de Rosana?

- Yo no sé, yo no sé nada. Pero tengo que obedecer a Rosana, si no lo hago, me convertirá también en un zombi, es una mujer terrible.

- ¿Cómo has podido hacer eso, Beatriz? Don José está muy mal.

Beatriz llora sin parar. Cari mira a Eneko.

- ¿Qué hacemos, Eneko?

- ¿Van a llamar ustedes a la policía? -pregunta Beatriz llorando.

## 17

En ese momento suena el teléfono en la recepción.

- ¿Cari? Soy Guillermo. Escucha: mañana a primera hora tiene que venir esa chica al hospital para el test de paternidad, los linfocitos y todo eso... ¿Comprendes? La esperan a las nueve.

- Gracias, Guillermo, ahora mismo la aviso. ¿Sabes algo de Don José?

- Está bastante mejor. Ha dormido varias horas, ha comido un poco... La cosa no parece tan seria como...

- Menos mal. Te llamo mañana.

Cari sube la escalera y llama a la puerta de Rosana. Oye pasos en la habitación, una puerta que se cierra y una voz:

- Adelante.

La chica está echada en la cama, no ha deshecho el equipaje y tiene los ojos rojos, como de llorar. Aún así, qué guapa es. Piensa Cari.

- Perdona, Rosana. Mañana a las nueve tienes que estar en el Hospital Provincial... Te esperan para unos análisis... Hace falta una prueba de paternidad para...

Rosana se sienta en la cama y la mira.

- No hace falta nada. José Roig no es mi padre. No quiero mentir más. Mi padre fue uno de tantos clientes del Tropicana, un amor de una noche, un italiano que tocaba el acordeón y que se fue sin dejar dirección: Luigi el Gringo lo llamaban... Mi madre, Yolanda, ha querido

aprovecharse de Don José, que es un hombre bueno. Pero a mí no me gusta este juego...
- ¡Gracias, Rosana, gracias por decir la verdad! ¡Qué contento se va a poner Don José! ¿Y qué piensas hacer ahora?
- Todo, menos volver a Cuba. Lo tengo claro.

La puerta del cuarto de baño se abre y aparece Beatriz.
- Yo tampoco pienso volver a Cuba. Me quedo aquí contigo.

En ese momento entra Eneko en la habitación y aprovecha la ocasión para abrazar a Rosana.
- Bravo, Rosana. No hay que estar triste ¿Sabes? ... *Más se perdió en Cuba...* (ver nota 1). Te encontraremos trabajo en el hotel. En la cocina, si quieres, necesito urgentemente una ayudanta.

Cari abre la puerta y se va.
- Qué cruz, Dios, qué cruz...

**18**

Una semana más tarde, Don José vuelve del hospital, completamente curado. Los médicos no comprenden su enfermedad y piensan que la causa ha sido el estrés. Su habitación está llena de flores, pero antes de entrar le pregunta a Beatriz, que está aspirando el suelo.
- ¿Estás segura de que no hay ninguna vela escondida?

Beatriz se pone colorada y no sabe qué decir, pero

sabe que Don José la ha perdonado, después de una larga explicación en el hospital. El jefe está tan contento de no ser padre de nadie y de no tener que pagar medio millón de dólares, que lo ha perdonado todo.

Esta noche, después de la cena de los clientes, el personal del hotel Veramar celebra el regreso del jefe con una pequeña fiesta. Las chicas han preparado una bonita mesa con flores del jardín cortadas por Paco, pero... sin velas. Dos amigos de Cari vendrán a tocar la guitarra y el acordeón y seguramente terminarán todos bailando.

Don José y Cari van a la cocina para ver los preparativos de la cena. Eneko está explicando a Rosana cómo se prepara la masa para las tartas del postre y parece encantado con su nueva ayudanta.

- ¿Cómo va ese menú, qué estáis preparando?
- Es una sorpresa. Pero... Una cosa es segura -dice Eneko mirando a Cari-. Habrá huevos a la cubana.

Cari se marcha de la cocina sin responder y unas horas después todos están duchados, vestidos y perfumados para la cena. Don José sienta a Cari a su derecha y a Rosana a su izquierda. Beatriz está enfrente de él, entre Paco y Eneko, y se sientan también Rocío y Carmela, las otras dos chicas de la limpieza. Pero... queda una silla vacía.

- ¡Falta alguien! -grita Cari.

La puerta se abre y aparece el doctor Juantegui con dos botellas de champán en la mano, saluda a todos y... casi se desmaya al descubrir a Rosana con su traje de noche blanco y ajustado, sus largos pendientes brillantes y una flor roja en el pelo.

- Pero... ¿Quién es esta maravilla?

Cari coge en brazos a Regaliz y le dice al oído:

- ¿No te lo había dicho yo, Regaliz? ... Qué cruz, Dios, qué cruz.

Altea. Verano del 1994.

# NOTAS EXPLICATIVAS

(1) Título del libro: **Más se perdió en Cuba**. Frase que suelen repetir los españoles a modo de consuelo, cuando algo ha salido mal o ha tenido un resultado negativo. Hace referencia a la catástrofe que representó para España a finales del siglo XIX la pérdida de la última colonia americana: Cuba. Este sentimiento pesimista y de fracaso dio origen al movimiento literario conocido por "Generación del 98".

(2) Se llama **carne de gallina** a la sensación que producen en la piel humana el miedo o el frío.

(3) **Ojo de la cerradura**. Orificio que sirve para introducir la llave.

(4) **Mal genio** *(tener o estar de)*. Tener mal carácter o estar de mal humor.

(5) **Cotilla**. En lengua coloquial, persona que se interesa demasiado por asuntos que no le conciernen. "Cotillear" es el verbo y "cotilleo" el sustantivo.

(6) En el español peninsular es habitual que las personas jóvenes se tuteen, así como las personas menos jóvenes que tienen algo en común: profesión, trabajo, clase social, aficiones, etc.

(7) La lengua española tiende a lexicalizar y a ortografiar según sus criterios propios las palabras extranjeras que adopta. Stress = **estrés**; check up = chequeo, etc.

(8) **Qué cruz**. Expresión coloquial que tiene su origen en la cruz de la Pasión de Cristo. Se dice cuando alguien tiene que soportar moralmente algo superior a sus fuerzas. (También: " Qué Calvario")

(9) **DNI**. *Documento Nacional de Identidad*. Pequeña tarjeta o carné que identifica a todos los españoles con su nombre, edad, profesión, domicilio, etc.

(10) **Nada del otro mundo**. Expresión que significa: "nada extraordinario".

(11) **Euskera**. Lengua hablada en el País Vasco y una de las más antiguas de Europa, de origen poco conocido y sin ningún parentesco con las demás lenguas peninsulares.

(12) **Euskadi**. En lengua euskera: País Vasco.

(13) **Tropicana**. La sala de fiestas más famosa de La Habana.

(14) **Pasta**. Dinero, en lengua coloquial.

(15) En los hospitales españoles y sobre todo en las clínicas privadas, es frecuente que se permita quedarse de noche a una persona de la familia en la habitación del enfermo, para que éste no se sienta solo y para ayudar a atenderlo, en caso de necesidad.

(16) Respectivamente: cantante, futbolista y torero muy famosos en los años noventa.

(17) Los hispanohablantes adultos de Latinoamérica prefieren decir cuando hablan de sus padres **mi papá** y **mi mamá**, mientras que los españoles consideran esto un poco infantil y prefieren los términos "padre y madre".

(18) El pronombre **vosotros** y las formas verbales que lo acompañan no se usan en Latinoamérica. Se sustituye en todos los casos por **ustedes** y la tercera persona verbal. (también en las Islas Canarias y en parte de Andalucía).

(19) **Banda**. Pequeña orquesta popular, compuesta esencialmente por instrumentos de viento y percusión.

(20) Los habitantes de las Islas Canarias hablan el español con un acento parecido al de algunos países hispanohablantes del Caribe.

# ¿HAS COMPRENDIDO BIEN?

## Capítulos 1 y 2

**1. ¿Qué sabes de Cari?**

○  Edad:_____
   Físico: _____
   Profesión: _____
   Ciudad de origen: _____
○  Problemas: _____

**2. Algo extraño sucede por la noche en el Hotel Veramar. Responde a las preguntas.**

⇨ ¿Qué pasa a las tres de la mañana en el Hotel Veramar?

_____

⇨ ¿Qué hacen Cari y Regaliz? _____

_____

⇨ ¿Qué le pasa a Don José?¿Cómo está? _____

_____

**3. En este capítulo aparece léxico relacionado con la recepción del hotel. Escribe las palabras que recuerdes y comprueba si has olvidado algo.**

_____
_____
_____

**4. ¿Verdad o mentira?**

| | V | M |
|---|---|---|
| Beatriz es una chica muy fea. | ☐ | ☐ |
| A Cari no le gusta Beatriz. | ☐ | ☐ |
| Paco está siempre de mal humor. | ☐ | ☐ |
| Cari ha pasado muy mal la noche. | ☐ | ☐ |
| Don José parece cansado. | ☐ | ☐ |
| Don José tiene sesenta años. | ☐ | ☐ |

## Capítulos 3 y 4

**1. Lee el siguiente resumen:**

"Cari no se atreve a entrar en la habitación de Don José, porque no se debe hacer. Pero Regaliz se escapa y tiene que buscarlo debajo de la cama. ¿Y qué encuentra? Un horrible muñeco sin brazos y se lo lleva para investigarlo".

⇨ ¿Estás de acuerdo? _____

⇨ ¿Qué propuesta tienes para cambiarlo? _____

_____

**2. ¿Qué síntomas de enfermedad tiene Don José?**

❏ Fiebre                   ❏ Falta de apetito

❏ Dolor de cabeza          ❏ Dolor de estómago

❏ Falta de sueño           ❏ Tos

**3. Elige tu menú entre los tres que ha preparado hoy Eneko**

_____

_____

_____

_____

_____

_____

_____

**4. Responde a las preguntas.**

➪ ¿Qué es lo que hay de extraño en la habitación de Don José? _____

¿Recibe alguna llamada misteriosa? ___ ¿por medio de quién lo sabes?

### Capítulos 7 y 8

**Cari y Eneko necesitan despejarse un poco y salen a tomar algo.**

➪ ¿Qué beben en el bar de la carretera? _____

_____ ¿Comen algo?

_____

➪ ¿Qué diferencias hay entre el norte y el sur de España?

_____

_____

➪ ¿Cómo se diferencia en tu país el norte y el sur? _____

_____

_____

### Capítulos 9, 10 y 11

**¿Verdad o mentira?**                                     V    M

Don José quiere vender el hotel.                          ▪    ▪

Don José quiere casarse con Yolanda.                     ▪    ▪

Yolanda quiere sacarle el dinero a Don José.             ▪    ▪

Yolanda es bailarina de flamenco.                        ▪    ▪

Guillermo practica la magia para curar.                  ▪    ▪

46

## Capítulos 12, 13 y 14

Rosana es el nuevo personaje en la novela, ¿puedes seña-
lar los adjetivos que la caracterizan?

❑ Rubia          ❑ Joven
❑ Atractiva      ❑ Baja
❑ Fea            ❑ Sexy
❑ Tímida         ❑ Francesa
❑ Canaria        ❑ Cubana

## Capítulos 15 y 16

**Relaciona las informaciones de las dos columnas:**

Cari y Eneko

| | |
|---|---|
| oyen | que Beatriz es la culpable de todo. |
| encuentran | la solución a todo el misterio de Don José. |
| descubren | lo que hablan Rosana y Yolanda. |
| creen | a Beatriz en la habitación de Don José. |

## Capítulos 17 y 18

**En el Hotel Veramar todos celebran un final feliz. ¿Qué
ocurre en la fiesta? Completa el siguiente resumen:**

El Doctor Juantegui lleva ......... la fiesta dos botellas
......... celebrar que Don José ya ....... bien y cuando .........
Rosana casi ......... desmaya porque ella ......... guapísima
con su traje blanco. Entonces Cari coge ......... brazos
......... Regaliz y ......... dice al oído: "Qué ........., qué
..........".

# VENGA A LEER

## NIVEL 0 (principiantes en el primer año de estudios):

- **Vacaciones al sol** (serie "Lola Lago, detective")
  L. Miquel y N. Sans.—48 págs.—ISBN 84-87099-71-8
- **Los reyes magos** (serie "Plaza Mayor 1")
  L. Miquel y N. Sans.—48 págs.—ISBN 84-87099-70-X

## NIVEL 1 (principiantes en el primer año de estudios):

- **Poderoso caballero** (serie "Lola Lago, detective")
  L. Miquel y N. Sans.—58 págs.—ISBN 84-87099-31-9
- **Por amor al arte** (serie "Lola Lago, detective")
  L. Miquel y N. Sans.—68 págs.—ISBN 84-87099-28-9
- **El vecino del quinto** (serie "Plaza Mayor 1")
  L. Miquel y N. Sans.—56 págs.—ISBN 84-87099-06-8
- **Una nota falsa** (serie "Lola Lago, detective")
  L. Miquel y N. Sans.—48 págs.—ISBN 84-87099-73-4
- **Reunión de vecinos** (serie "Plaza Mayor 1")
  L. Miquel y N. Sans.—64 págs.—ISBN 84-87099-72-6
- **... Pero se casan con las morenas** (serie "Hotel Veramar")
  D. Soler Espiauba.—48 págs.—ISBN 84-87099-83-1

## NIVEL 2 (falsos principiantes, finales del primer año de estudios):

- **La llamada de La Habana** (serie "Lola Lago, detective")
  L. Miquel y N. Sans.—48 págs.—ISBN 84-87099-11-4
- **El cartero no siempre llama dos veces** (serie "Plaza Mayor 1")
  L. Miquel y N. Sans.—72 págs.—ISBN 84-87099-12-2
- **Vuelo 505 con destino a Caracas** (serie "Primera Plana")
  L. Miquel y N. Sans.—80 págs.—ISBN 84-87099-10-6
- **Lejos de casa** (serie "Lola Lago, detective")
  L. Miquel y N. Sans.—48 págs.—ISBN 84-87099-74-2
- **Moros y cristianos** (serie "Hotel Veramar")
  D. Soler Espiauba.—48 págs.—ISBN 84-87099-84-X
- **Más se perdió en Cuba** (serie "Hotel Veramar")
  D. Soler Esplauba.—48 págs.—ISBN 84-87099-82-3

## NIVEL 3 (estudiantes intermedios):

- **¿Eres tú, María?** (serie "Lola Lago, detective")
  L. Miquel y N. Sans.—56 págs.—ISBN 84-87099-04-1
- **De fiesta en invierno** (serie "Aires de Fiesta")
  C. Villanueva y J. Fernández.—48 págs.—ISBN 84-87099-95-5
- **De fiesta en primavera** (serie "Aires de Fiesta")
  C. Villanueva y J. Fernández.—48 págs.—ISBN 84-87099-97-1
- **De fiesta en verano** (serie "Aires de Fiesta")
  C. Villanueva y J. Fernández.—48 págs.—ISBN 84-87099-96-3

## NIVEL 4 (estudiantes avanzados):

- **Una etiqueta olvidada** (serie "Almacenes La Española")
  Ch. Garcés y J. P. Nauta.—38 págs.—ISBN 84-87099-20-3
- **Transporte interno** (serie "Almacenes La Española")
  Ch. Garcés y J. P. Nauta.—38 págs.—ISBN 84-87099-21-1
- **Ladrón de guante negro** (serie "Hotel Veramar")
  D. Soler Espiauba.—56 págs.—ISBN 84-87099-01-7

## NIVEL 5 (estudiantes en los cursos superiores):

- **Doce rosas para Rosa** (serie "Hotel Veramar")
  D. Soler Espiauba.—56 págs.—ISBN 84-87099-05-X